百合寫真集

女孩們的祕密花園

須崎祐次

一開始只覺得煩。

妳老愛興高采烈地談論著我沒興趣的話題，

或是突然從身後伸手抱住我，

對於討厭和人親近的我來說，

妳不過是個麻煩的存在。

但在不知不覺間，

我發現自己開始忍不住盯著妳的側臉。

看見妳和其他同學親密玩在一起時，

內心總會煩躁不安。

和誰都能打成一片的妳，

與想成為妳心中第一名的我。

在體育館倉庫吻妳，

就是為了獨占妳那從未有人見過的表情。

儘管如此，可為何在妳的凝視下，

我卻淚流不止呢⋯⋯？

Scene 1-3
反擊

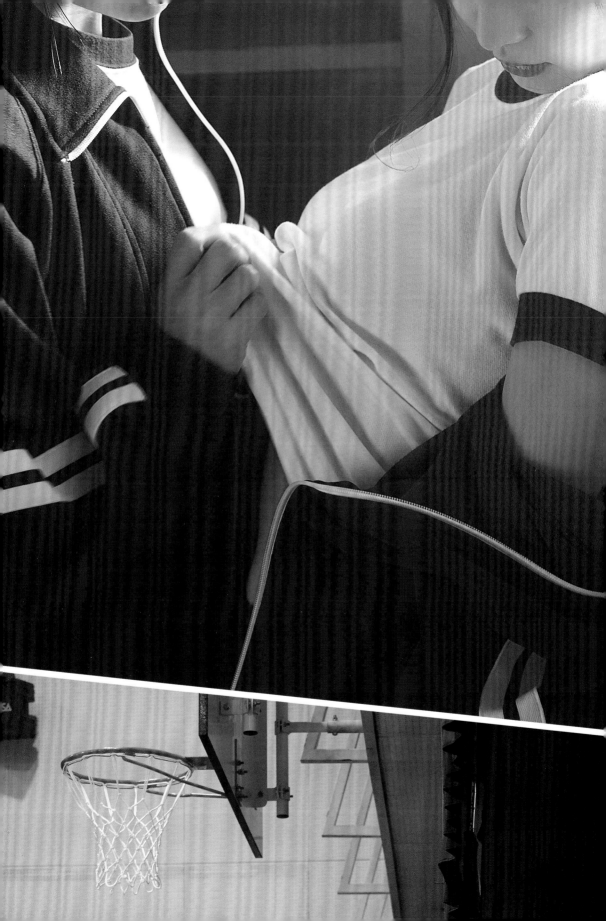

Scene 1-4
涙

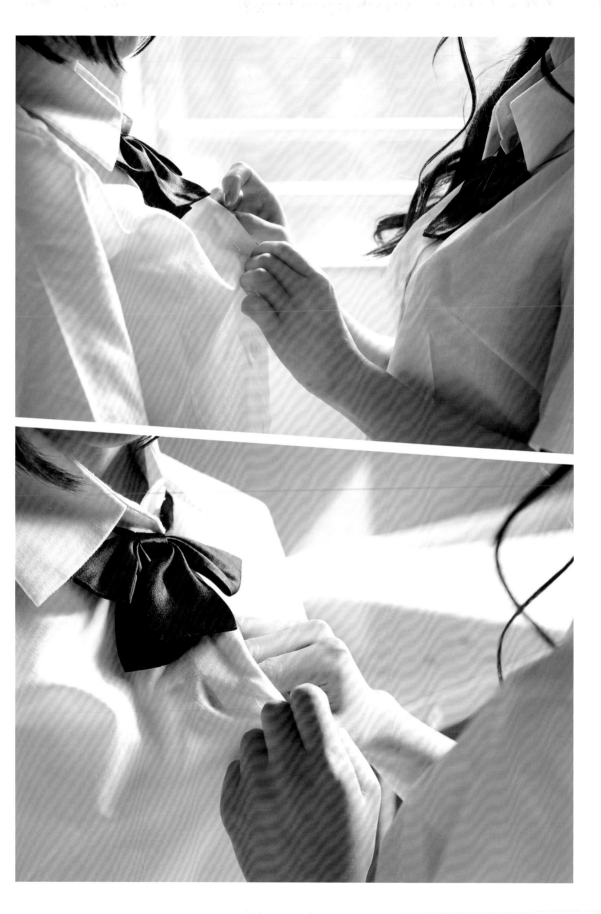

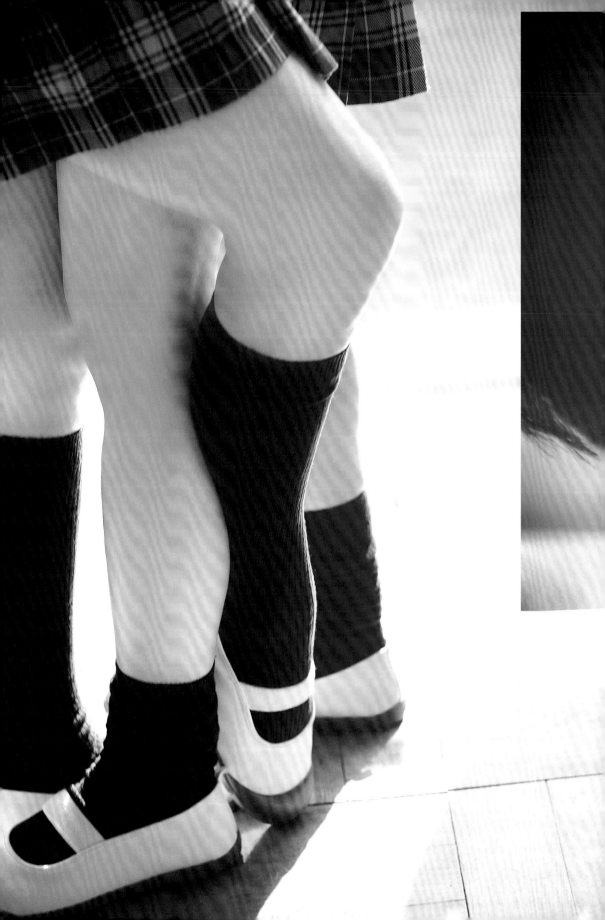

Scene 2-1
視線

學姊啊，
妳注意到了嗎？

無論是社團活動的時候，
還是妳在置物櫃前更衣的時候，
我的視線，始終追隨著妳。

妳輕拍我的頭，說我「像妹妹一樣」時，
我真的很開心。

妳在玩 POCKY 遊戲時，
隨口開的「交往吧」玩笑，
也讓我心頭小鹿亂撞。

可一想到我們之間無法再更進一步，
我的心就糾結成一團，疼痛不已。

輕撫著妳受傷的腿，
滴落的水珠中混著淡雅的朱紅。

火熱的肌膚、隨著呼吸起伏的胸部、
從髮絲間飄散出的柑橘香氣⋯⋯。
我或許，已經控制不住自己了。

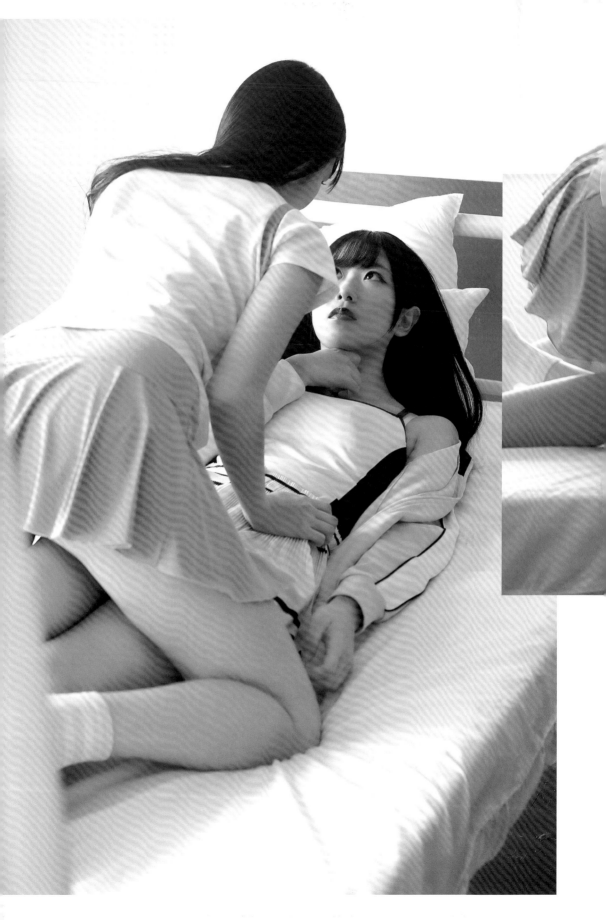

隨意地與男性見面，
用隨意的理由交往，
以隨意的心情跟對方約會。
做什麼都相當「隨意」，從未感受過特殊情感的我，
大概是個冷淡的女人吧。

但在和她共事之後，日子不再單調。
工作時、午餐時、回家時，我們總是在一起。

「我幫妳戴。」項鍊滑過鎖骨，
從髮間露出的後頸成了導火線。
跨越那一條線，比想像中更加容易。
即便回到公司繼續工作，殘存的火苗卻仍舊於體內深處延燒。

錯過末班車只是謊言。
為了能繼續沉醉在那時的美好裡，我和妳飲盡紅酒。
淫潤的唇與甜蜜的氣息，在熾熱的肌膚上激起了漣漪。
兩人的體溫互相交融。

已經點燃的火，
再也無法熄滅。

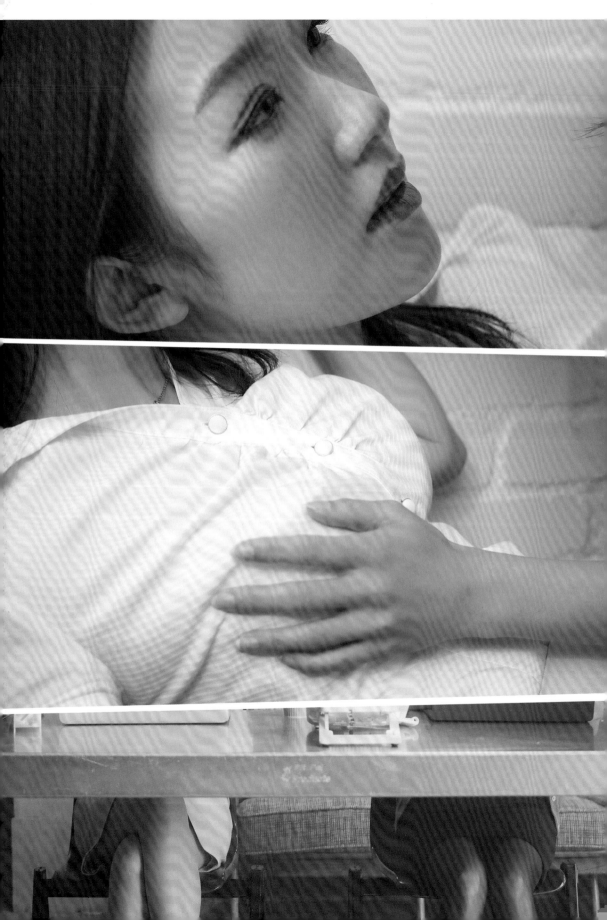

Scene 3-3
交錯

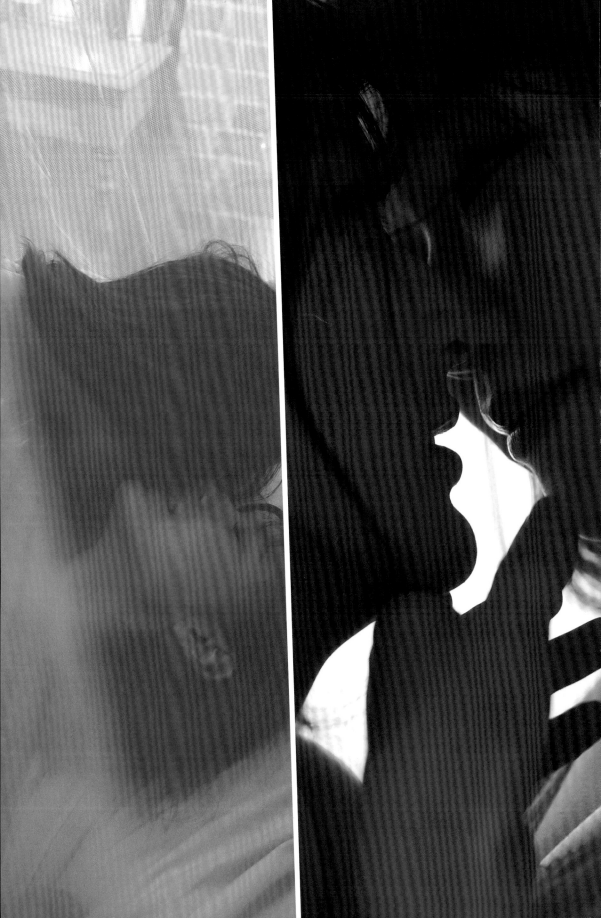

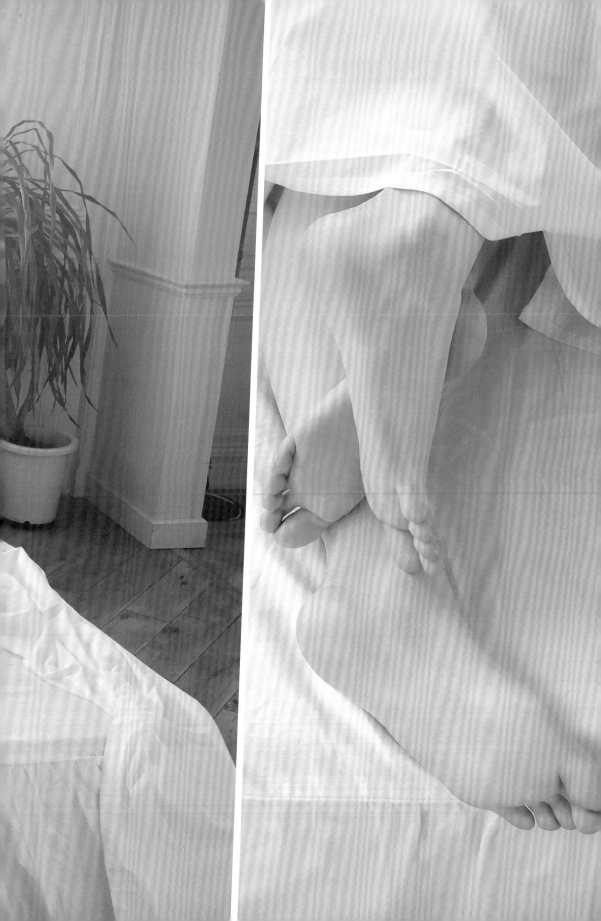

此處無始，

此處亦無終。

這裡是僅僅只有我倆，

一切全都靜止的場所。

從某個瞬間開始，我們姊妹的身體停止了老化。

恐慌的祖母將我們鎖進宅邸的深處。

而後祖母離世，宅邸老朽，再無誰會到訪。

萬物都成了遙遠的往昔。

接著肌膚相親，

陷入無限的夢鄉。

確認什麼都沒變才感到安心。

我們每天會仔細檢視彼此身體的各個角落，

有時，我們能察覺到射向此處的視線，

似乎有誰正以專注的眼神，探索著我們的輪廓。

拜託了，千萬別注意到這裡⋯⋯。

Scene4-1
依賴

攝影	須崎祐次							
模特兒	Scene1	愛川こずえ 天野まりあ	Scene2	片岡未優 隈本茉莉奈	Scene3	彩川ひなの 黑田絢子	Scene4	イチジョウリヲ 近藤あさみ

造型設計　SERIKA
髮型設計　小板橋沙紀（負責：イチジョウリヲ、近藤あさみ）
　　　　　元木美紗（負責：愛川こずえ、彩川ひなの、片岡未優、隈本茉莉奈）
　　　　　福本みわ（負責：天野まりあ、黑田絢子）

創意攝影　濱地剛久
助手　　　須崎巧悠

封面設計　市川瑞希 [ナックスタイル]
執筆　　　ゆりいか
企劃、編輯　前田絵莉香
助理編輯　伊東佑

協力　　　株式会社　クリアストーン
　　　　　らぶり　　リサイクル着物

百合寫真集 女孩們的祕密花園

2021年1月1日　初版第一刷發行

譯　　　者　基基安娜
編　　　輯　魏紫庭
美術編輯　竇元玉
發 行 人　南部裕
發 行 所　台灣東販股份有限公司
　　　　　＜地址＞台北市南京東路4段130號2F-1
　　　　　＜電話＞(02)2577-8878
　　　　　＜傳真＞(02)2577-8896
　　　　　＜網址＞http://www.tohan.com.tw
郵撥帳號　1405049-4
法律顧問　蕭雄淋律師
總 經 銷　聯合發行股份有限公司
　　　　　＜電話＞(02)2917-8022